Die Stimme der Intuition

Die universelle Quelle für Inspiration und Erkenntnis

© 2021 Thomas Herold

Die Stimme der Intuition

Die universelle Quelle für Inspiration und Erkenntnis

Revision 1.05

© 2021 Thomas Herold

thomasherold.com

Impressum

Umschlaggestaltung, Illustration: Thomas Herold
Lektorat: Klaus Schepers
Korrektorat: Anja Zilg

Herstellung und Verlag: BoD – Books on Demand, Norderstedt

ISBN Paperback: 9783753439556
ASIN e-Book: B08XKGWJWW

Bibliografische Information der Deutschen Nationalbibliothek:
Die Deutsche Nationalbibliothek verzeichnet diese Publikation in der Deutschen Nationalbibliografie; detaillierte bibliografische Daten sind im Internet über http://dnb.d-nb.de abrufbar.

Inhalt

Über den Autor

Thomas Herold, Jahrgang 1963, lebte bis 1997 in Freiburg im Breisgau. Er studierte Elektrotechnik mit Schwerpunkt EDV, und gründete mit 21 seine erste Firma im Bereich Softwareentwicklung.

Seine Liebe galt allerdings schon in frühen Jahren der Metaphysik, und seine Reisen durch Indien prägten seinen weiteren Werdegang. Mit seiner nächsten Firma widmete er sich der Astrologie und erstellte eines der meist verkauften Programmpakete Astro Star im Europäischen Raum.

Danach hat er sich für 20 Jahre in den USA (Hawaii & Kalifornien) angesiedelt, und veröffentlichte über 35 Bücher für den Finanzmarkt. Durch die Finanzkrise in 2008 hat er tiefe Einblicke in das Finanzgeschehen erhalten, und seinen ersten Bestseller 'Money Deception' geschrieben.

Es folgte ein Finanzlexikon Serie mit 16 Titeln, die über 1000 der wichtigsten Begriffe aus dem Finanzwesen ausführlich beschreiben. Sein zuletzt publiziertes Buch 'High Credit Score Secrets' zeigt die Strategien für das Erreichen einer optimalen Kreditwürdigkeit auf.

Seit 2016 ist er wieder in Freiburg in Breisgau und schreibt metaphysische Kurzgeschichten. „Einsteins wichtigste Erkenntnis" ist seine erste Kurzgeschichte aus der Welt der Metaphysik.

Thomas Herold ist nicht nur Autor, sondern auch begeisterter Tangotänzer. Er ist Mitglied im Citizen Circle, einer Community für ortsunabhängiges Arbeiten, kreative Selbstständigkeit und persönliche Weiterentwicklung.

Weitere Informationen zum Autor und seinen Büchern gibt es unter: thomasherold.com oder auf amazon.de.

„Die ursprüngliche Weisheit ist Intuition, während alles spätere Wissen angelernt ist." - Ralph Waldo Emerson (1803 – 1882), Geistlicher, Philosoph und Schriftsteller

Haben Sie schon einmal den Moment erlebt als das Telefon klingelte, und Sie spontan wussten, wer am anderen Ende ist? Waren Sie eher überrascht, oder fühlten Sie sich bestätigt, als sich herausstellte, dass es tatsächlich die Person war? Können Sie sich an eine Situation in Ihrem Leben erinnern, in der Sie rückblickend mit Bedauern feststellen mussten, dass Sie besser auf Ihr Bauchgefühl gehört hätten?

Hat man Ihnen auch ein Leben lang erzählt, dass Fakten und rationale Entscheidungen der einzige Weg zum Erfolg sind? In unserer westlichen Kultur haben wir gelernt, dass wir fast ausschließlich mit Rationalität Entscheidungen treffen – von wichtigen Fragen über die Fusion eines Unternehmens bis hin zu der Frage, was man zu Mittag isst.

Wie treffen Sie Entscheidungen im Leben? Benutzen Sie größtenteils Ihren Verstand oder achten Sie auch auf Ihr Bauchgefühl? Was funktioniert besser? Wie viel Raum geben Sie einer Eingebung, einem Impuls oder einem spontanen Einfall? Wo glauben Sie hat Ihre Kreativität ihren Ursprung?

Alle Urvölker wussten, und manche wissen es noch heute, dass die Intuition die Grundlage bildet, um eine natürliche Verbindung zwischen allem Lebendigen und der Quelle des Lebens selbst herzustellen.

Warum lassen wir uns so viel von unserem rationalen Verstand leiten, obwohl wir eigentlich im Innersten wissen, dass uns die Intuition immer die beste Lösung aufzeigt? Als Eingebung und Erkenntnis, die immer der höchstmöglichen Kommunikation und Verbindung zwischen uns und unserer Umwelt dient?

Kann es sein, dass wir Angst haben die Kontrolle an eine höhere Instanz abzugeben, weil wir dadurch die Illusion der Trennung nicht länger aufrechterhalten können? Eine Erfahrung, die unser Weltbild erstmal erschüttern würde?

Was ist Intuition?

Intuition ist die Fähigkeit, etwas instinktiv zu verstehen, ohne die Notwendigkeit einer bewussten Argumentation darüber, wo dieses Wissen herkam. Einfach ausgedrückt, man trifft Entscheidungen durch ‚Fühlen‘, ohne analytisches Denken. Das ist etwas, was die Wissenschaft leider nur schwer quantifizieren kann. Jeder Mensch hat direkten Zugang zur Intuition, und kann durch gezielte Steuerung seiner Aufmerksamkeit darauf zugreifen und sie nutzen, um damit wichtige Entscheidungen in seinem Leben zu treffen.

Haben Sie jemals die Erfahrung gemacht, dass Sie ein spontanes Gefühl über etwas, jemanden oder einen Ort bekommen? Wenn Sie z. B. sofort wissen, ob die Stimmung im Raum freundlich oder unfreundlich ist, oder ob da jemand besonders schüchtern in einer Ecke sitzt, ob sich Leute streiten, auch wenn Sie es nicht sehen können. Das ist Ihre Intuition oder Ihr Bauchgefühl.

Intuition ist nicht logisch. Sie ist nicht das Ergebnis einer Reihe von überlegten Schritten, die an andere weitergegeben oder erklärt werden kann. Stattdessen fühlt sich der Prozess natürlich, fast instinktiv an. Während Intuition als das Erlangen von Wissen definiert wird, ohne sich auf die Vernunft oder Schlussfolgerungen zu verlassen, unterscheidet sie sich allerdings vom Instinkt wesentlich.

Wie unterscheidet sich Instinkt von Intuition?

Unser Instinkt ist eine weniger flexible, direkte Reaktion auf Reize. Der Instinkt ist angeboren, vererbt und als Ergebnis von Millionen von Jahren der Evolution fest in den ‚Schaltkreisen' unseres Gehirns verdrahtet. Wenn z.B. ein Löwe brüllt, und ich nicht weiß, dass er hinter mir steht, springe ich dennoch auf, drehe mich um und renne höchstwahrscheinlich schnell weg. Diese Handlung ist eher instinktiv als intuitiv. Falls aber der Löwe nicht brüllt, und ich ein Gespür von Gefahr wahrnehme, dann ist es mehr der Intuition zuzuordnen.

Auch Tiere und Pflanzen haben einen Instinkt, bei Tieren gibt es zusätzlich auch die Fähigkeit der Intuition. Rupert Sheldrake[1] untersuchte und dokumentierte mit wissenschaftlicher Methode den siebten Sinn bei Tieren. So hat er z.B. das Verhalten des Terriermischlings Jaytee in einem Vorort von Manchester beobachtet, der offenbar immer dann zum Wohnzimmerfenster lief, wenn sein Frauchen Pamela Smart auf dem Nachhauseweg war, und zwar laut Sheldrake auch dann, wenn sie zu ungewohnten Uhrzeiten nach Hause kam, und sich noch außer Hör- und Sichtweite befand.

Es ist auch bekannt, dass Tiere manchmal schon Stunden im Voraus wissen, dass ein Erdbeben oder ein schweres Unwetter bevorsteht.

Sheldrake prägte den Begriff der Morphogenetischen Felder[2], die man sich wie eine große Erfahrungsdatenbank vorstellen kann, die nicht lokal gespeichert ist und sämtliches Wissen enthält.

Diese Felder spannen sich in unsichtbaren Netzen um die Erde und bilden – global betrachtet – ein gemeinsames, alles durchdringendes Energiefeld. Die einzelnen morphischen Felder verbinden alles und jeden. Sie bilden Verbindungslinien und stellen untereinander neue Verknüpfungen her. Milliarden von Informationen werden auf diese Weise von Feld zu Feld übertragen. Ähnlich wie in unserem Gehirn, das Milliarden von Nervenzellen enthält und durch neuronale Verknüpfungen (Synapsen) mit anderen Zellen in Verbindung steht.

Unser Gehirn ist nicht nur ein lokaler Speicher von Informationen, sondern auch ein Sender und Empfänger, welcher über morphogenetische Felder kommuniziert.

Ist unser Bauchgefühl ein Hinweis auf die Intuition?

Auch das sogenannte Bauchgefühl hängt oftmals mit dem Instinkt und den unbewussten abgespeicherten Erfahrungen zusammen. Das Bauchgefühl sagt Ihnen bei der Eisdiele, dass Sie lieber Schokolade anstatt Stracciatella essen. Dieses spontane Gefühl das richtige Eis auszuwählen hat nur in den seltensten Fällen etwas mit Intuition zu tun. Die Entscheidung wird aus abgespeicherten Informationen getroffen.

Ihr Unterbewusstsein sucht in nur wenigen Millisekunden in Ihrem Gehirn alle Fakten zusammen, die mit Eisdiele und Eis zu tun haben, und präsentiert Ihnen das Ergebnis der Recherche als Fertigmenü. Sie brauchen keine bewusste Entscheidung mehr zu treffen. Die Wahl der Eissorte kann z. B. das Resultat einer frühen Kindheitserinnerung sein, die Sie schon lange vergessen haben.

Das Wesen der Intuition oder einer intuitiven Entscheidung ist, dass sie mit wenig Anstrengung, und typischerweise ohne bewusstes Denken erreicht wird. Intuition beinhaltet ein Gefühl des Wissens, ohne zu wissen, wie man es weiß, basierend auf der unbewussten Verarbeitung von Informationen. Es muss aber nicht immer ein Gefühl sein, auch ein spontanes Wissen oder Erkenntnis über eine Situation oder eine Person sind Zeichen der Intuition.

Intuition ist von holistischer Natur

D ie Intuition ist auch ganzheitlich, denn sie kombiniert Erkenntnisse aus mehreren Quellen. Sie erfordert oft einen Bewusstseinssprung ins Unbekannte, wenn nur begrenzte Informationen vorhanden sind, um eine Entscheidung zu treffen. Intuition ist die direkte Verbindung mit dem Leben selbst.

Sie entzieht sich der physikalischen Welt von Zeit und Raum, und hat deshalb Zugang zum gesamten Wissen, allen Erfahrungen, und zu allen Personen – lebendig oder bereits verstorben.

Da unsere Essenz – unser wahres Selbst – in Wirklichkeit auch außerhalb von Zeit und Raum existiert, ist die Intuition die Sprache, die uns mit diesem Zustand unserer Essenz verbindet. Vergleichbar mit einer Internetverbindung und einem Webbrowser mit dem Sie Zugang zum gesamten Wissen dieser Welt haben. Mit dem Unterschied, dass Sie die Verbindung nicht selbst tätigen, sondern dass sie automatisch zum richtigen Zeitpunkt für Sie passiert!

Das mag sich im ersten Moment wie Zauberei oder Aberglaube anhören, aber mittlerweile gibt es unzählige wissenschaftliche Untersuchen und Studien, die eindeutig das Phänomen Intuition bestätigen. In unserem, seit nun fast zweihundert Jahre andauernden mechanischen Weltbild, ist die Wahrnehmung der Intuition leider fast völlig verkümmert.

Was einst die Grundlage der Lebensausrichtung für uns war, ist heute fast vollständig vom rationalen Verstand verdrängt worden.

Der rationale Verstand bezieht seine Informationen über die Analyse von praktischen, meist wertorientierten Informationen wie Zeit und Geld, um damit Entscheidungen zu treffen. Diese Art der Entscheidungsfindung basiert auf einer winzig kleinen Auswahl von Informationen, die zudem noch sehr limitiert sind.

Hinzu kommt, dass Zeit und Geld immer knapper zu werden scheinen, obwohl wir immer mehr Geld im Umlauf haben, und immer mehr Maschinen unsere Arbeit abnehmen – wir dadurch eigentlich Zeit einsparen.

Das ist in etwa so, als ob Sie alle Informationen zur Verfügung hätten, aber Sie beschränken sich nur auf die Suche innerhalb von Facebook. Ein noch besseres Beispiel bezüglich unserer limitierten Vorstellung und Entscheidungsfindung bietet das Höhlengleichnis von Plato.

Der rationale Verstand sieht nur den Schatten, niemals das Licht

Im Buch ‚Die Republik‘ beschreibt Plato das Kernstück seiner Philosophie und geht der zentralen Frage nach, wie Menschen Wissen über das Schöne, das Gerechte und das Gute erwerben. Die Allegorie der Höhle verwendet dafür die Metapher von Gefangenen, um die Schwierigkeiten zu erklären, im Dunklen und gefesselt, einen gerechten und intellektuellen Geist zu erreichen und aufrechtzuerhalten. Die Allegorie wird in einem Dialog als Gespräch zwischen Sokrates und seinem Schüler Glaukon ausgedrückt.

Sokrates fordert Glaukon auf, sich Menschen vorzustellen, die in einer großen unterirdischen Höhle leben, die nur am Ende eines steilen und beschwerlichen Aufstiegs nach außen geöffnet ist.

Die meisten Menschen in der Höhle sind Gefangene, die an die Rückwand der Höhle gekettet sind, so dass sie sich weder bewegen noch den Kopf drehen können. Hinter ihnen brennt ein großes Feuer, und alles, was die Gefangenen sehen können, sind die Schatten, die an der Wand vor ihnen spielen. Sie sind ihr ganzes Leben lang in dieser Position angekettet gewesen.

In der Höhle sind andere, die Gegenstände tragen, aber alles, was die Gefangenen von ihnen sehen können, sind ihre Schatten. Einige der anderen sprechen, aber es gibt Echos in der Höhle, die es für die Gefangenen schwierig machen, zu verstehen, welche Person was sagt.

Sokrates beschreibt dann die Schwierigkeiten, die ein Gefangener haben könnte, befreit zu werden. Wenn ein Gefangener sieht, dass es in der Höhle feste Objekte gibt, nicht nur Schatten, ist er verwirrt. Die Gefängniswärter können ihm sagen, dass das, was er vorher gesehen hat, eine Illusion war. Daher wird er erst mal glauben, dass sein Schattenleben die Realität ist.

Schließlich wird der Gefangene in die Sonne hinausgezerrt, von der Helligkeit schmerzhaft geblendet und von der Schönheit des Mondes und der Sterne betäubt. Nachdem er sich an das Licht und seine neue Freiheit gewöhnt hat, wird er die Menschen in der Höhle bemitleiden und nicht mehr zurückgehen wollen.

Neue Gefangene, die zur Höhle gebracht werden, möchten gerne draußen im Licht sein. Aber Sokrates verwehrt Ihnen diesen Wunsch, denn um wahrhaftige Freiheit und Erleuchtung im Leben zu erfahren müssen sie verstehen, was Güte und Gerechtigkeit ist. Sie müssen zurück in die Dunkelheit hinabsteigen, sich den an die Wand geketteten Männern anschließen und dieses Wissen mit ihnen teilen.

Die Intuition in dieser Geschichte von Plato entspricht der Freiheit und dem Licht, der rationale Verstand wird durch die Schatten in der Höhle repräsentiert. Das Licht ist die Verbindung zum Jetzt, die Schatten sind immer nur die Vergangenheit. Deswegen kann der rationale Verstand für sich alleine nie etwas Neues in die Welt bringen.

Vieles in unserer Welt wird durch die Dominanz der Ratio deshalb immer enger, komplizierter, komplexer und auch in gewisser Weise ‚dümmer'. Um eine optimale Lebensqualität für uns und andere zu erschaffen müssen wir die Intuition und die Ratio zu gleichen Teilen vereinen.

Wie finden wir wieder zur Intuition?

Die Intuition ist unser ständiger Begleiter im Leben. Es braucht deshalb weder Mühe noch Wille oder irgendeine Tätigkeit, um sie zu erleben. Die Intuition ist immer da, wenn wir sie wirklich brauchen, allerdings ist es nur in den seltensten Fällen die dominante innere Stimme oder Wahrnehmung. Unser Verstand spricht meistens lauter und dominiert unsere innere Stimme.

Um die Intuition zu hören, müssen wir unsere Aufmerksamkeit in die Wahrnehmung lenken. Am besten gelingt dies abseits von Arbeit, lauten Geräuschen, und stressiger Umgebung. Ein Spaziergang alleine im Wald, ohne die Absicht, dass dort etwas passieren muss, z. B. Fitness, wirkt wahre Wunder. In der Stille weitet sich unsere Wahrnehmung aus, und wir gelangen in Bereiche, die vorher von Gedanken und anderen Geräuschen übertönt waren.

Wer mutig ist und bis zu den äußersten Grenzen der Wahrnehmung vorstoßen möchte, der kann dies in einem Samadhi-Tank[3], auch Floating-Tank genannt, tun. Das Wort Samadhi heißt im indischen Sanskrit so viel wie ‚Konzentration des Geistes‘. Wobei hier nicht der Verstand gemeint ist, sondern der allumfassende Geist, unser wahres Selbst, das weit über unsere Persönlichkeit hinausgeht.

Der etwa 2,50 Meter lange Tank ist mit einer körperwarmen Salzlösung gefüllt. Die Mischung entspricht der Zusammensetzung des Toten Meeres, das für seine Schwebebäder bekannt ist.

Im Innern des Tanks ist deshalb die eigene Schwere nicht mehr zu spüren. Man schwebt also auf dem Wasser und geht nicht unter. Weder Ton noch Licht dringen von außen herein. Dadurch wird die Empfindlichkeit der Sinneswahrnehmung über das Tausendfache gesteigert.

Erfunden wurde der Samadhi-Tank 1954 vom Neuropsychologen John C. Lilly[4]. Er entwickelte ihn ursprünglich in Zusammenarbeit mit der NASA, um die elektrische Aktivität des Gehirns abgeschirmt von sämtlichen Außenreizen zu untersuchen. Beim Ausprobieren des Tanks entdeckten er und die anderen Forscher jedoch ungeahnte Möglichkeiten. Erfinder John C. Lilly beschreibt es als einen Zustand frei von äußeren Reizen und Austausch mit der Umwelt, wodurch das sonst im Hintergrund existierende Selbst Zugang zu Quellen neuer Information hat.

In den 70er-Jahren, während der Selbsterfahrungswelle, war der Tank in den USA äußerst beliebt. Allerdings hat er sich in Europa erst seit Ende 1990 in vielen Wellness-Centern der größeren Städte verbreitet. Mittlerweile findet der Tank auch im medizinischen Bereich Anwendung. In der Schmerzmedizin, Orthopädie, Dermatologie und Sportmedizin wird damit intensiv geforscht. Im therapeutischen Bereich wird Floating im Stressmanagement, bei Burnout-Syndrom und Suchtentwöhnung eingesetzt.

Auch die tägliche Meditation eröffnet und erweitert den Zugang zur Intuition, und sie wird immer wichtiger für uns. Je schneller sich die Welt bewegt, desto langsamer müssen wir werden, um einen inneren Ausgleich zu schaffen.

Durch die massive Verbreitung von Maschinen und Computern in unserem Lebensraum, haben wir den Eindruck, dass die Zeit immer schneller zu laufen scheint. Wir versuchen uns unbewusst an das Tempo von Maschinen und Computern anzupassen, aber gelangen dabei nur in Stress. Es ist ein von vornherein zum Scheitern verurteiltes Unterfangen.

Computer arbeiten immer schneller, mit bis zu fünf Milliarden Operationen per Sekunde. Es gibt immer mehr Daten und immer mehr Informationskanäle. Wir versuchen auf hunderten von Hochzeiten gleichzeitig zu tanzen. Mit dem Ergebnis, dass wir nur noch an der Oberfläche beschäftigt sind, nur noch Informationen sortieren und auswerten, aber keine Zeit mehr haben, um uns tief und ausführlich mit einem Thema oder einer Aufgabe auseinanderzusetzen.

„Eines Tages werden Maschinen vielleicht denken können, aber sie werden niemals Phantasie haben."
- Theodor Heuss (1884-1963), Politiker, Schriftsteller, Bundespräsident (1949-59)

Uns fehlt die Muse, die Gelassenheit und der innere Friede, um in der Stille die Stimme der Intuition wahrzunehmen. Alles blinkt und piepst heutzutage, entzieht uns für Sekundenbruchteile die Aufmerksamkeit, und reißt uns damit aus der Versenkung unserer Tätigkeit. Selbst mein einfacher Wasserkocher piepst, wenn das Wasser kocht, und ein weiteres Mal, wenn ich ihn zurück auf die Halterung stelle!

Wir passen uns immer mehr an Maschinen an, anstatt diese für unseren Nutzen einzusetzen. Was ist aus dem großen Versprechen geworden, dass uns die Industrie vor einigen Jahrzehnten gemacht hat? Eine Welt, in der Maschinen unsere harte Arbeit übernehmen, und uns damit mehr Zeit schenken für die wirklich wichtigen Dinge in unserem Leben. Dinge, die unsere Lebensqualität erhöhen, die uns mehr glückselige Momente erlauben, und den Frieden in uns finden lassen.

Es ist ein Trugschluss zu glauben, dass mehr und schnelleres Arbeiten eher ans Ziel führt! Es mag für kleinere Aufgaben und Projekte sinnvoll erscheinen, allerdings sehen wir immer häufiger den Wald vor lauter Bäumen nicht. Der Informationskanal Intuition bietet immer den besten Lösungsansatz, da er Wissen transportiert, welches Ihnen mit dem rationalen Verstand niemals zugänglich ist. Die besten Lösungen sind immer einfach und simpel und auf einer anderen Ebene zu finden, als auf der wo man sich gerade befindet.

Beginnen Sie Ihren Tag mit einer Meditation. Die beste Zeit dafür ist nach dem Aufstehen, bevor Sie sich an den Computer setzen, bevor Sie mit irgendeiner Tätigkeit beginnen, und vor allem bevor Sie irgendwelche Nachrichten lesen!

Suchen Sie sich einen stillen Platz, schalten Sie alles aus, was Sie stören könnte. Setzen Sie sich für fünfzehn Minuten auf einen bequemen Stuhl, atmen Sie fünfmal tief ein und aus, und fokussieren Sie dann Ihre Aufmerksamkeit auf Ihren Atem. Lassen Sie alle Gedanken und Gefühle vorbeiziehen, und kommen Sie immer wieder zurück zur Wahrnehmung Ihres Atems. Geben Sie diesem Ritual Ihr Zugeständnis für sechs Tage in der Woche. Durch diese einfache Übung werden Sie um ein Vielfaches mehr Zeit gewinnen als Sie einsetzen.

Die Intuition geschieht ohne Ihr Zutun, sie braucht aber einen Raum, in dem sie sich entfalten kann. Eine kleine Zen-Geschichte[5] mag das verdeutlichen: Ein Professor wanderte weit in die Berge, um einen berühmten Zen-Mönch zu besuchen. Als der Professor ihn gefunden hatte, stellte er sich höflich vor, nannte alle seine akademischen Titel und bat um Belehrung.

Möchten Sie Tee? fragte der Mönch. Ja, gern, sagte der Professor. Der alte Mönch schenkte Tee ein. Die Tasse war voll, aber der Mönch schenkte weiter ein, bis der Tee überfloss und über den Tisch auf den Boden tropfte. Genug! rief der Professor. Sehen Sie nicht, dass die Tasse schon voll ist? Es geht nichts mehr hinein.

Der Mönch antwortete: Genau wie diese Tasse sind auch Sie voll von Ihrem Wissen – von Vorurteilen, Annahmen und Überzeugungen. Um Neues zu lernen, müssen Sie erst Ihre Tasse leeren.

Was steht unserer Intuition im Weg?

Mehr als alles andere steht uns unsere Überzeugung im Weg, nur durch rationales Nachdenken Entscheidungen zu treffen, um der Intuition eine Chance zu geben. Unsere Angewohnheit, ausschließlich die Ratio zu verwenden, wurde vor etwa zweihundert Jahren durch die Einführung unseres mechanischen Weltbildes begründet.

Wissenschaftler und Philosophen wie Kopernikus, Galilei, Keppler, Bacon, Decartes, Kant oder Locke haben diese neuzeitliche Naturbetrachtung eingeleitet. Die Bedeutung der Naturwissenschaften stieg immer mehr an, und sie bildeten alsbald die Grundlage für die Herausbildung des neuen mechanistischen Weltbildes. Es beherrscht bis zum heutigen Tag unser Denken. Descartes entwickelte die Vorstellung vom Universum als große Maschine.

Um das Funktionieren der Maschine zu verstehen, müsse man sie nur in ihre rationalen Bestandteile zerlegen. Funktioniert ein Teil nicht, muss es nur repariert oder ausgetauscht werden.

Wir können diese Philosophie noch immer in den meisten Bereichen unseres Lebens erkennen.

Die westliche Medizin z. B. rühmt sich mit der Sichtweise, dass das was nicht mehr vorhanden ist, auch nicht mehr Schmerzen bereiten oder krank machen kann. Also wird einfach das Organ entfernt und ersetzt, soweit dies möglich ist. Genau nach dieser Methode repariert man auch alle anderen mechanischen Geräte und Maschinen – Roboter eingeschlossen.

Vor der Urbanisierung hatte der Mensch in Europa ein ganzheitliches[6] Weltbild. Er lebte mit der Natur und für ihn war alles ein immerwährender Kreislauf – alles war mit allem verbunden. Er hatte die Vorstellung von einem Universum, das von unsichtbaren metaphysischen Kräften, Mächten oder Energien durchzogen und bestimmt wird. Der Mensch lebte damals nach dem Prinzip des Animismus[7], eine Vorstellung, dass alles in der Natur beseelt und belebt ist. Die gesamte Welt mit allen Pflanzen und Tieren, und auch der Mensch selbst, wurde als ein Organismus aufgefasst. Ein in sich geordnetes System dessen Einzelteile trotz ihrer Verschiedenheit ein gemeinsames Ziel verfolgen: das Leben, das sich selbst organisiert und reguliert.

Durch dieses holistische Weltbild war der Mensch eingebettet in ein lebendiges System, das ihn trägt und leitet. Unsere heutige Einstellung entspricht genau dem Gegenteil! Wir glauben, dass wir in keinster Weise eine Verbindung zu unserer Umwelt haben.

Wir schlachten Tiere in einer Weise, als wären es seelenlose, gefühllose mechanische Gebilde, die nur dem Zweck der Nahrungsproduktion dienen. Wenn wir nur ein einziges Mal eine dieser Nahrungs-Produktionsstätten besichtigen, dann würden wir mit Tränen und Wehmut den Ort am liebsten schnellstens wieder verlassen.

Durch diese Philosophie der Trennung glauben wir, dass nichts selbstständig ohne unser Zutun passiert. Wir fühlen uns deshalb verantwortlich für jede kleinste Entscheidung, die wir treffen, was ein enormes Stresspotential beinhaltet. Das mag sich vielleicht im ersten Moment wie ein Widerspruch anhören, weil das Wort Verantwortung für uns positiv besetzt ist. Aber Verantwortung ist nicht Kontrolle, sondern bedeutet die ,richtige' Antwort aufgrund einer Wahrnehmung aus der Umgebung zu finden. Im Englischen heißt Verantwortung Responsibility (the ability to respond). Nur durch die Wahrnehmung, und das schließt die Intuition ein, kann ich verantwortungsbewusst sein.

Noch dazu hat jeder eine andere Meinung darüber, was in Bezug auf unsere Umwelt am besten zu tun ist. Es entsteht ein heilloses Durcheinander, enormer Stress, ständige Konflikte und bitterer Streit – das Resultat ist oftmals überhaupt keine Entscheidung, und damit Stillstand. Wir sind vom Glauben beherrscht alles kontrollieren zu müssen, weil sonst nichts funktionieren würde. Aber das Ergebnis dieser zwanghaften Kontrolle zeigt uns mittlerweile, dass wir damit genau das Gegenteil erreichen.

Das Leben organisiert und reguliert sich aus sich selbst. Jegliche Kontrolle führt nur zum Stillstand des Lebens – dem Tod.

Nichts ist in Wahrheit chaotisch, wenn es nur aus einer größeren Perspektive betrachtet wird.

Wir erschaffen Wohlstand nicht dadurch, dass wir obsessiv durch Regeln und Gesetze versuchen, alles und jeden auf einen höheren Lebensstandard anzuheben. Wohlstand kann nicht nur materiell gemessen werden, es gehört auch unsere Umwelt, unsere sozialen Kontakte, die Kunst und viele andere Dinge dazu. Das kleine Land Bhutan, welches im Süden von Asien liegt, und an Indien und Tibet grenzt, hat dies schon lange erkannt. Bereits 1970 erklärte dort der vierte König das Bruttonationalglück[8] als wichtigsten Faktor, der über dem des Bruttosozialproduktes steht.

Seit dieser Aussage orientieren sich die Entwicklungspläne, sowie auch die Politik des Landes am individuellen Glück der Menschen. Klare und deutliche Regeln wurden verfasst, die für Wirtschaft, Gesundheit, Förderung für Umweltschutz, Historisches und Bildung gelten. Ein ganzheitliches Zusammenspiel von spirituellen und kulturellen, sowie materiellen Inspirationsquellen fördert die positive Entwicklung der Menschen, die sich als Teil der Gesellschaft geschätzt und wahrgenommen fühlen. Im Jahre 2008 wurde dieses Streben nach dem Bruttonationalglück Bestandteil der Verfassung Bhutans.

Das Ziel lautet ambitioniert: Die Menschen von Bhutan sollen schon bald zu den glücklichsten der Welt gehören.

Es liegt in der Natur des Lebens, dass wir einem ständigen Wandel unterworfen sind – alles entsteht und vergeht wieder. Das Scheitern, die Niederlagen und der Kollaps von ganzen Industriezweigen gehört genauso zum Leben wie das Laub der Blätter im Herbst, das nach einigen Jahren wieder neues Erdreich und damit die Grundlage für das Entstehen neuer Bäume ermöglicht.

Wohlstand ist ein Prozess, der aus dem Gedankengut entsteht, dass wir Teil eines größeren Ganzen sind. Wenn wir unseren Fokus auf unsere Umwelt, unsere Mitmenschen, und auf den Grad der Zufriedenheit und Glückseligkeit jedes einzelnen legen, dann entsteht automatisch ein Wohlstand für alle. Wenn nur ein einziger Mensch unfreiwillig auf der Straße endet, dann hat die Gesellschaft bereits versagt!

Genau wie ein Fluss, den man aus wirtschaftlichen Interessen begradigt und der als Resultat verschmutzt, weil zu wenige Verwirbelungen seine Selbstreinigungskräfte unterbinden, genau so kann man das Leben nicht kontrollieren und erwarten, dass es anschließend besser wird.

Das mit den natürlichen Verwirbelungen im Wasser, und die damit aktivierten Selbstreinigungskräfte eines Flusses hat schon im 19. Jahrhundert der österreichische Förster Viktor Schauberger[9] erkannt.

Aber was weiß schon ein einfacher Förster über das Leben, verglichen mit Heerscharen von akademisch ausgebildeten Wissenschaftlern, die den Wald und ihre Bäume vom Labor aus untersucht haben?

Um der Intuition zu folgen, braucht es Vertrauen

Oft zeigt sich erst viel später im Leben, dass die intuitiven Entscheidungen immer die richtigen waren. Ich erinnere mich noch an die ersten ‚Prüfungen' meiner Intuition während meiner Schulzeit.

Sechs Jahre Volksschule hatte ich bereits ‚überlebt'. Meine Eltern, beide Beamte, dachten es sei das Beste für Ihren Sohn die Mittlere Reife zu absolvieren. Bei der Aufnahmeprüfung zur Realschule hatte ich nur einen Notenschnitt von 2,6. Damit hatte ich den glorreichen Aufstieg um 0,1 Punkte verfehlt. Eine weitere Runde in Klasse sieben folgte, dann nochmals der Versuch mit der Aufnahmeprüfung – diesmal ein Schnitt von 2,4 – ich war drin!

Die Realschule, in meinem Fall eine ‚braune' Knabenrealschule, startete wieder mit Klasse sieben. Darauf folgte Klasse acht – durchgefallen – also habe ich noch einmal eine extra Runde gedreht. Auf acht folgte neun, und damit war mein Ende besiegelt. Ich erinnere mich noch genau an meinem braunen Holztisch – dort war eingeritzt: „Hier verblödet ein Genie". Da musste ich ständig draufsehen.

Es gab neben dem Fach Werken fast nichts, was mich interessierte. Der meiste Unterricht entsprach genau der Methode des Nürnberger Trichters[10]. Oft starrte ich nur stundenlang aus dem Fenster und sehnte mich nach dem finalen Gong, um endlich wieder ein bisschen Freude auf meinem Moped spüren zu können.

Mein Abschlusszeugnis bestand aus zwei Sechsen und fünfmal der Note fünf! Ich flog mit hohem Bogen raus, und hatte noch nicht einmal einen Hauptschulabschluss in der Hand! Meine Mutter ging mit mir zum Berufsberater. Ich kann mich noch genau erinnern, was die Dame von der Behörde gesagt hat: „Das mit Ihrem Sohn und einer Lehrstelle, das können Sie vergessen". Jegliche akademische Laufbahn war damit ausgeschlossen. Straßenkehrer wäre noch eine Möglichkeit gewesen, dazu fühlte ich mich allerdings nicht hingezogen.

Wie sich später herausstellte, war der Rauswurf mein großes Glück, und meine intuitive Verweigerung der 'strukturellen Verblödung' meine Rettung.

Mein Interesse galt schon in früher Kindheit der Elektronik. Im Keller verbrachte ich oft Stunden mit alten Rundfunkgeräten und Fernsehern. Ich zerlegte alte Radios, Anrufbeantworter und Alarmwecker, sortierte die Einzelteile und experimentierte mit allem, was von elektrischer Natur war – inklusive Stromschlägen.

Ich wollte mehr über Elektronik lernen, aber das war aus meiner Sicht erst mal nur in einer Lehre möglich.

Da es innerhalb meines Jahrgangs viele Geburten gab, waren die Lehrstellen äußerst knapp. Mein damaliger Freund war bereits bei einer großen Elektronikfirma in einer Lehre, und mir war 'spontan' klar, dass ich dort auch in die Lehre wollte. Viele meiner anderen Kameraden zu dieser Zeit hatten teilweise über 60 Bewerbungen geschrieben – ich schrieb eine einzige und legte dazu mein grandioses Zeugnis bei.

In diesem Jahr gab es bei dieser Firma über 120 Bewerber für nur 16 Lehrstellen. Meine Chancen waren, zieht man mein Zeugnis in Betracht, gleich null. Die Firma lud alle Bewerber zu einem Eignungstest ein – und siehe da – meine angeeigneten Elektronikkenntnisse machten sich bezahlt. Ich schnitt in diesem Eignungstest hervorragend ab, und wurde von der Firma eingestellt.

Die darauffolgenden dreieinhalb Jahre Lehrzeit waren die bis dahin besten Jahre in meinem Leben und schufen zugleich das Fundament für meine spätere Selbstständigkeit.

Mit der Intuition zu einer ganzheitlichen Sicht unserer Welt

In unseren Köpfen folgen wir noch immer dem Mantra ‚Zeit ist Geld‘, welches das Grundkonzept der industriellen Revolution war. Aber weder ist Zeit knapp, noch ist Geld knapp. Wir scheitern an einer irrationalen Angst, die wir selbst erfunden haben, und die über uns Macht ergriffen hat wie keine Überzeugung jemals bevor.

Zeit ist nur knapp, wenn wir anfangen sie zu messen und in kleine Einheiten aufteilen, die wir dann in den Rahmen einer Tätigkeit zwingen. Zeit ist deshalb knapp, weil wir ständig an die Zukunft denken und glauben, dass unser Leben mit achtzig Jahren beendet ist. Bis dahin müssen wir so schnell wie möglich alles erreichen!

Wie kann Geld jemals knapp sein, wenn wir davon so viel wir wollen erzeugen können? Angenommen, wir könnten alles Geld der Welt an einem Tag verschwinden lassen, was würde passieren? Würde es weniger Kreativität geben? Würde es weniger Ressourcen geben?

Das einzige, was für eine geringe Zeit Probleme machen würde, ist der Tausch der Waren und Dienstleistungen. Die meisten Menschen glauben, dass Geld der Ursprung von Fortschritt und Wohlstand ist. Das ist ungefähr das gleiche, als ob man glaubt, dass eine Uhr die Zeit erzeugt. Was sicherlich zu mehr Wohlstand führte, ist nicht das Geld selbst, sondern der globale Handel, den das Geld ermöglichte.

Wenn irgendetwas knapp oder begrenzt ist, dann ist es nur unsere Vorstellung von uns selbst und der Welt. Diese Vorstellung manifestiert sich in allen Bereichen unseres Lebens. Es sind unsere Glaubenssysteme und Überzeugungen, die genau die Realität kreieren, die wir erleben. Wenn wir in Angst leben, wenn wir uns bedroht von unseren Mitmenschen und der Welt fühlen, dann bleibt unsere Intuition unerhört. Solange wir unsere selbst erschaffenen Umstände für unser Handeln verantwortlich machen, so lange sind wir unfähig, neue, bessere ganzheitliche Entscheidungen zu treffen.

Wir haben mittlerweile genug Fakten aus weltweiten Untersuchungen, die bestätigen, dass wir uns auf dem direkten Weg in den globalen Exitus befinden. Wir haben genug Wissen und Erfahrung gesammelt, um einen anderen Weg einzuschlagen, aber wir tun es nicht.

Es scheint, trotz aller Warnungen unserer Wissenschaftler, trotz zunehmender sozialer Ungerechtigkeit, trotz schwindelerregendem Verfall unserer Kaufkraft, dass wir festgefahren wie ein Auto im Schlamm hängen. Die Räder drehen sich zwar, aber die Kiste bewegt sich keinen Zentimeter vorwärts. Im Gegenteil, es sieht so aus als ob wir mit voller Kraft immer tiefer im Schlamm versinken. Unser Denken scheint wie von Geisteshand gelähmt, unfähig die Situation aus einer erweiterten Perspektive zu sehen – außerstande einen neuen Gedankengang zu beschreiten.

Wir alle spüren insgeheim, dass es so nicht weitergehen kann, aber jeder einzelne beschwert sich nur, und hält sich an einem unsichtbaren Strang der Sicherheit fest. Bis auf wenige Ausnahmen sind wir nicht bereit einen ersten neuen Schritt zu tun. Wir scheinen in der Angst gefangen zu sein wie schon seit Jahrzehnten nicht mehr.

Unsere Aufmerksamkeit ist fokussiert auf das, was nicht funktioniert, anstatt einen neuen Gedanken zu fassen, und einen ersten Schritt in eine neue Richtung zu wagen. Wir halten an der Bequemlichkeit fest, fordern immer mehr Geld vom Staat und sind zu Marionetten geworden, die es ermöglichen, das Mega-Konzerne wie gigantische Kraken unsere wunderschöne Welt Stück um Stück verschlingen.

Wer hinter die Kulissen schaut, und mit einer ganzheitlichen Sichtweise die momentane Situation betrachtet, der weiß auch die Zeichen der Zeit zu deuten. Das Leben spricht, wie die Intuition auch, durch Symbolik zu uns. Leider ist dieses uralte Wissen annähernd verloren gegangen, und beinahe ausnahmslos durch rationales Denken ersetzt worden. Wenn man nur den rationalen Verstand einsetzt, dann ist dies wie der Tunnelblick eines Auges, das nur noch zu zwanzig Prozent Sehkraft hat.

Der rationale Verstand sieht nur die auf zwei Spuren kriechende Blechlawine auf der Autobahn und folgert logisch und konsequent daraus, dass entweder eine breitere Fahrbahn nötig ist, oder mehr Fahrspuren.

Dieses Vorgehen hat offensichtlich nichts mit Planung zu tun, es ist schlichtweg der krampfhafte Versuch das wirkliche Problem zu ignorieren, und der Situation ein weiteres Pflaster zu verpassen. So entsteht irgendwann ein Flickenteppich, bei dem sich ein jeder wundert wie er jemals zustande gekommen ist.

Die Corona-Pandemie zwingt nun die Welt in die Knie. Ein Feind gegen den wir machtlos sind, der sich als globales Phänomen etabliert, und auf jegliche Kontrolle und Eindämmung einfach mit Mutation reagiert. Wir versuchen dieses Chaos wieder unter Kontrolle zu bringen, gehen dabei aber vor wie Blinde, die einer Gruppe von anderen Blinden den Weg zeigen wollen.

Das Wort Corona bedeutet im lateinischen Krone, ,coronation' im Englischen die Krönung. Wer oder was wird hier gekrönt? Ist es denkbar, dass uns jetzt das Leben selbst unseren Narzissmus aufzeigt, indem es ihm eine Krone verpasst, und uns damit vielleicht endlich klar wird, was wir eigentlich aus unserem Leben machen? Eine Krönung stellt einen Höhepunkt dar, einen Gipfel, einen Klimax oder einen Zenit. Unter der Wortbedeutung Krone finden wir auch die Bezeichnung ,das höchste Maß einer Sache'.

Narzissmus bedeutet Autoritätsanspruch und Führungsdenken, einen Hang zur Selbstdarstellung und ausbeuterisches Verhalten. Sind dies nicht die Eckpfeiler unserer Gesellschaft? Ein Narzisst hat in der Regel ein geschwächtes Selbstbewusstsein, das durch Aufmerksamkeit und Komplimente von anderen ständig Nahrung sucht.

Die narzisstische[11] Persönlichkeitsstörung zeigt sich laut dem Diagnostischen und Statistischen Manual psychischer Krankheiten (DSM-5) so:

- Die Person hält sich für grandios wichtig.
- Sie ist stark eingenommen von Fantasien von Erfolg, Macht und Schönheit.
- Sie glaubt einzigartig und besonders zu sein und nur von ebenso angesehenen und erfolgreichen Menschen verstanden zu werden.
- Sie verlangt nach übermäßiger Bewunderung.
- Sie hegt ständig Ansprüche auf eine Sonderbehandlung.
- Andere nutzt der Betreffende für seine eigenen Ziele aus.
- Es fehlt an Empathie: Die Gefühle und Bedürfnisse der Mitmenschen werden nicht gesehen.
- Die Person ist oft neidisch auf andere oder glaubt umgekehrt, andere neiden ihr ihren Erfolg.
- Sie benimmt sich arrogant und überheblich.

Für die Diagnose müssen mindestens fünf der neun Kriterien erfüllt sein.

Narzissmus verträgt sich mit dem Leben in etwa so wie ein nackter Mensch mit der Antarktika. Narzisstisches Verhalten entsteht durch indoktrinierte Glaubenssätze und vor allem aus einem Mangel an Empathie.

Es stellt sozusagen den Gegenpol zum Leben dar, da es weder koope-
rative noch kommunikative Eigenschaften aufweist. Narzissmus ist
die vollkommene Unterdrückung der Liebe, und das vorbildhafte,
gesellschaftlich anerkannte und erwünschte Verhalten einer von
Angst orientierten Motivation im Leben.

Der Narzissmus ist die Krönung unseres globalen Glaubenssystems,
das wir auf der Basis eines materialistischen und mechanischen
Weltbildes erschaffen haben. Als hart verdauende Kost stellt eine
Krönung allerdings auch einen Wandel dar, den wir alle schon – sei-
en wir mal ehrlich – lange herbeigesehnt haben, aber irgendwie
nicht so richtig in Worte fassen konnten.

Einige dieser vielen Symptome, die einen Wandel brauchen sind:

- Zunehmender Stress im Arbeitsleben und auch im privaten Be-
  reich
- Wachsende menschliche Isolation und zunehmende Verwahrlo-
  sung
- Verlust von Kaufkraft, Geldmanipulationen und steigendes Sozi-
  algefälle
- Wachsende Verschmutzung und Ausbeutung der Erde
- Zunehmender Konkurrenzdruck und Machtpositionierung
- Mehr Regulierungen und Strafen, höhere Steuerabgaben
- Verlust von Moral und ethischen Grundsätzen
- Unterhaltung bekommt einen höheren Status als Bildung
- Verpackung wird wichtiger als deren Inhalt

- Mangelnder Service und Inkompetenz bei Firmen und Läden
- Frühzeitiger Verschleiß und nachlassende Qualität von Produkten
- Stillstand und Handlungsunfähigkeit von Politik und Regierungen

Es ist jetzt wieder die Zeit gekommen, dem rationalen Verstand die Intuition zur Seite zu stellen, damit wir diese selbsterschaffene Krise nicht nur verstehen, sondern auch auf einer neuen Denkebene langfristige Lösungen finden, und damit wieder eine lebenswerte Vision für die Zukunft erschaffen können.

Ganzheitliches, verantwortungsbewusstes Denken, miteinander in Frieden leben und die Bedeutung der Liebe müssen im Vordergrund stehen, und in unseren Kindern als Basis für ein erfolgreiches Leben gefördert werden. Jedes Kind bringt ein natürliches Verständnis für diese Wahrheiten bereits bei der Geburt mit ins Leben. Nur das Eintrichtern von nutzlosen Regeln und Fakten kann ein Kind von seinem natürlichen Weg abbringen.

So wie eine Eichel alles Wissen in sich trägt, um ein Eichelbaum zu werden, so trägt auch der Mensch dieses Wissen in sich. Ein Baby strengt sich nicht an, um später einmal ein Kind zu werden, es passiert von selbst. Ein Kind hat auch keinerlei Interesse endlich erwachsen zu werden, auch das passiert von selbst.

Jedes Kind spürt in sich einen natürlichen Drang zum Spielen, und sucht sich selbst immer die nächste Herausforderung, die es bewältigen kann.

Intuition ist die Grundlage der Kreativität

So wie eine Note nicht die Musik selbst ist, sondern nur einen Hinweis darauf enthält, so versteckt sich auch in unserer Sprache und in unserem körperlichen Erscheinen ein Aspekt, der ein Indiz für eine andere Form der Wirklichkeit ist. Kreative Ideen werden nicht ‚erdacht‘, sie entfalten sich urplötzlich – sie entstehen abrupt ohne Vorwarnung aus dem Zustand des ’nicht Wissen‘.

Wie oft passiert es, dass wir vor einem Problem sitzen, dieses immer und immer wieder durchgehen und analysieren, ohne jedoch eine wirkliche Lösung zu finden. Diese Lösung taucht manchmal urplötzlich aus dem Nichts hervor, wenn wir beispielsweise beim Staubsaugen, beim Laufen, Spazieren oder beim Wandern sind. Oder wir sprechen mit einem Freund, und unvermittelt wissen wir die Lösung, oder haben eine neue Idee, die uns zur Lösung führt.

Noch vor einigen Jahrzehnten glaubte man, dass die Intelligenz, die Kreativität und der Einfallsreichtum in unserem Gehirn zu finden sei.

Deshalb untersuchten und sezierten Wissenschaftler das Gehirn von Albert Einstein bis auf die letzte Gehirnzelle – mit dem Ergebnis, dass es sich nicht von anderen Gehirnen unterscheidet. Auch die meisten Erfindungen sind nicht durch Überlegen und Grübeln entstanden, sondern als spontane Einsicht, die sich oftmals an einem völlig anderen Ort zeigte, als dort wonach man suchte und sich den Kopf zerbrach.

Elias Howe[12], der Erfinder der mechanischen Nähmaschine, suchte monatelang vergebens nach einer Lösung, wie er erfolgreich den Faden und die Nähnadel verbinden konnte, ohne dass sie entweder abbrach oder der Faden verhedderte.

Eines Abends, als er wieder einmal erschöpft und frustriert zu Bett ging, hatte er einen seltsamen Traum. Er befand sich inmitten von Ureinwohnern des brasilianischen Regenwaldes. Um ihn herum tanzten nackte Männer, die mit Speeren eine Art Zeremonie vollführten. Bei genauerem Hinsehen sah er, dass die Spitzen der Speere am Ende ein kleines Loch aufwiesen! Als er am nächsten Morgen aufwachte, wusste er die Lösung für sein Problem.

Auch die Entdeckung der DNA-Struktur wurde durch einen Traum inspiriert. Keiner wusste bis zum Jahr 1953, wie unsere DNA genau zusammengebaut ist. Diese Frage wurde von Dr. James Watson und Francis Crick gelöst.

Watson soll dabei von einer Wendeltreppe geträumt und diese Struktur dann auf die Doppelhelix angewandt haben. Für diese Entdeckung bekamen Crick und Watson 1962 den Nobelpreis für Medizin.

Der berühmte Erfinder Thomas Alva Edison ging noch einen Schritt weiter und versetzte sich bewusst in einen Dämmerzustand, nachdem er sich in seiner Werkstatt im kalifornischen Menlo Park auf einer Bank ausgestreckt hatte. Edison sagte von sich selbst, dass er fast niemals umsonst träumte. Annähernd ein Viertel der mehr als zweitausend Erfindungen Edisons sollen so entstanden sein. Edison folgte damit der Anleitung des Philosophen Prentice Mulford[13], der die Träumerei nicht nur als etwas betrachtete, das den Geist entspannt, sondern das ihn auch auf einer anderen Ebene weiter arbeiten lässt.

Am Rande sei hier vermerkt, dass Edison auch über Fehler und Misserfolg eine andere Anschauung hatte. Ein Reporter frage ihn einmal, ob er denn nicht völlig frustriert war, als er jahrelang versucht habe, die Idee der Glühbirne erfolgreich umzusetzen. Edison erwiderte darauf, dass er über 1000 Möglichkeiten entdeckt hatte, wie es nicht funktioniert.

Erfindungen gehen über den Kontext des Bestehenden hinaus. Wer kreativ und innovativ sein möchte, sollte sich von der Vorstellung lösen, dass alles planbar und kontrollierbar ist.

Wenn man z.B. seinen Schlüssel nicht findet, überlegt man gewöhnlich als Erstes, wo man ihn hingelegt hat. Vielleicht in der Jackentasche, am Schreibtisch oder auf der Kommode im Flur. Findet man ihn dort nicht, dehnt man den Bereich aus, in dem man sucht, um dann wieder von vorn zu beginnen und erneut dort zu suchen, wo man zuerst nachgesehen hat. Häufig finden wir den Schlüssel jedoch erst, wenn wir aufgeben, und unsere Aufmerksamkeit auf etwas anderes lenken.

Sobald wir loslassen (es sein lassen), ist oft die Antwort plötzlich da.

Mit der Intuition in die Grenzbereiche unserer Wahrnehmung

Während der angespannten Zeit des Kalten Krieges in den 70er-Jahren versuchte die US-Regierung, eine mächtige neue Waffe gegen die Sowjetunion einzusetzen: Gedankenlesen.

In einem streng geheimen Projekt, das zunächst in einem kalifornischen Forschungslabor und später auf einem Armeestützpunkt in Maryland durchgeführt wurde, rekrutierten die CIA und die Armee Männer und Frauen, die behaupteten, über übersinnliche Wahrnehmungsfähigkeiten (ESP) zu verfügen, um bei der Aufdeckung militärischer und inländischer Geheimnisse zu helfen.

Im Jahr 2017 gab die CIA etwa 12 Millionen Seiten von Aufzeichnungen frei, die bisher unbekannte Details über das Programm enthüllten, das schließlich als ,Projekt Star Gate' bekannt werden sollte. Als das Programm 1995 eingestellt wurde, hatten diese Personen, die als ,Remote Viewer' bekannt waren, an einer Vielzahl von Operationen teilgenommen. Von der Ortung von Geiseln, die von islamischen Terrorgruppen entführt worden waren, bis hin zum Aufspüren von flüchtigen Kriminellen innerhalb der Vereinigten Staaten.

Es gibt Zener[14] Karten, mit denen man selbst die eigene Fernwahrnehmung trainieren kann. Diese wurden vom amerikanischen Parapsychologen Joseph B. Rhine[15] (1895 – 1980) in den 1920er-Jahren entwickelt. Ursprünglich sollte mit diesen Karten das Phänomen der Hellsichtigkeit untersucht werden, doch schon bald wurden die Versuche auch auf Telepathie und Präkognition ausgedehnt. Das Zener-Set besteht aus 25 Karten, wobei jeweils fünf davon das selbe Symbol tragen. Es handelt sich dabei um die Symbole Kreis, Kreuz, Wellenlinien, Viereck und Stern.

Die statistische Wahrscheinlichkeit für einen Treffer lag bei 1:5. Tatsächlich wurden im Schnitt aber 6,5 von 25 Karten richtig erraten, also deutlich mehr als zu erwarten gewesen wären. Ein besonders begabter Mann schaffte auch bei mehrmaliger Wiederholung der Serie einen Schnitt von 10:25. Einmal gelang es ihm sogar, alle 25 Karten richtig zu nennen.

In weiteren Experimenten wurde die räumliche Distanz zwischen Experimentator und Versuchsperson von wenigen Metern auf bis zu sechs Kilometer ausgedehnt. Es stellte sich heraus, dass trotz dieser Distanz das Ergebnis nicht beeinträchtigt wurde, was zum Schluss führte, dass offensichtlich die Entfernung bei der Hellsichtigkeit keine Rolle spielt.

Was ist Fernwahrnehmung?

Ein weiteres Beispiel, das weit über die Experimente des Remote Viewing und der Zener Karten hinausgehen, ist das Phänomen, das sich in der Familienaufstellung nach Bert Hellinger[16] zeigt. Hellinger ging davon aus, dass die Familie das gesunde Fundament für jeden Menschen ist. Wer im Leben seinen richtigen Platz und seine Aufgabe finden will, muss die ‚Ordnung der Liebe' innerhalb seiner Familie in sein Leben integrieren. Die Aufstellung lenkt den Blick auf die Beziehungen innerhalb einer Familie, macht sie sichtbar, deutet auf Unordnung im System hin, und ist ein Schritt zur heilenden Ordnung.

Wir sind durch unsere Familie, die sich über viele Generationen erstreckt, so geprägt wie durch keinen anderen Faktor in unserem Leben.

Über unsere Eltern und unsere Geschwister ist unser Wissen und unsere Erfahrung zum Thema Beziehung geformt worden. Diese Erfahrungen beinhalten mitunter schreckliche Erlebnisse wie z.B. den frühen Tod von Mutter und Vater, Missbrauch und Krankheit, die vom Kind aufgenommen und später als Erwachsener unbewusst weiterhin kreiert und wieder erfahren werden.

In einer Familienaufstellung stellen Sie die Konstellation und das innere Bild Ihrer Familie durch Stellvertreter in einem Raum nach. Sie suchen sich unter den Seminarteilnehmern die Stellvertreter für Ihre Familie aus, die Sie ohne groß nachzudenken im Raum platzieren. Dieses erste Bild zeigt schon sehr viel über die Beziehungen der einzelnen Familienmitglieder zueinander:

- Wer steht bei wem?
- Wer ist in Richtung Wand positioniert?
- Wer steht abgewandt von der Familie?
- Wer sieht auf den Boden oder in die Luft?

Nach dieser ersten Aufstellung wird sofort ein Phänomen deutlich, das bei Aufstellungen immer wieder verblüfft und tief beeindruckend ist. Jeder Einzelne wird plötzlich Teil dieses Familiensystems. Die Stellvertreter ‚übernehmen‘ die Gefühle der Personen, die sie vertreten. Ich habe selbst drei Familienaufstellungen erfahren, und es waren zutiefst Ehrfurcht gebietende Erfahrungen.

Wer es zum ersten Mal erlebt, hat das Gefühl, als ob es sich hierbei um Zauberei handelt. Wobei der komplette Prozess der Aufstellung sich fast ausschließlich auf das Wahrnehmen fokussiert, sehr wenig dabei gesprochen wird, und nichts analysiert wird.

Es zeigt sich bei den Aufstellungen immer wieder, dass die Stellvertreter in ihren Rollen genauso fühlen wie die Personen, für die sie stehen. Man beachte dabei, dass die Stellvertreter keinerlei Wissen darüber haben, was in der Ursprungs-Familie abgelaufen ist. Es gibt Momente, in denen die Stellvertreter Gefühle äußern, oder Dinge aussprechen, die exakt dem originalen Familienmitglied entsprechen! Letztendlich geht es darum, den Punkt zu finden, an dem der Fluss der Liebe unterbrochen wurde.

Ziel einer Familienaufstellung ist es, dass jedes Familienmitglied den Platz im System findet, an dem es sich wohlfühlt, sodass es am Ende der Aufstellung allen Beteiligten gut geht.

Dies geschieht ausschließlich durch die Intuition!

Kann die Quantenphysik die Intuition erklären?

Die Quantenphysik und ihre Erkenntnisse, welche sich leider noch nicht in unserem Bildungssystem etablieren konnten, lehren uns, dass alles mit allem anderen verbunden ist. Die Quantenphysik bestätigt, was viele Mystiker und Weise bereits seit Jahrtausenden sagen. Wir sind geistiger Natur – ein Geist mit vielen Facetten – und unsere physikalische Welt ist eine Illusion, die durch unsere Sinneswahrnehmung und unser Gehirn als Realität erscheint.

Nehmen wir als Beispiel einen Ventilator. Im Ruhezustand hat er drei oder fünf stillstehende Rotoren. Sie können erkennen, was sich im Hintergrund des Ventilators befindet, und Sie können ohne Problem Ihre Hand durch den Zwischenraum strecken. Schalten wir nun den Ventilator an, dann entsteht eine kreisende Fläche, durch die Sie nicht mehr Ihre Hand durchstrecken können. Auch der Hintergrund bleibt Ihnen nun verborgen.

Auch ein Film gibt uns die Illusion, dass sich etwas bewegt. Aber es sind nur einzelne Bilder, die 60 Mal pro Sekunde erscheinen und dadurch die Erscheinung einer Bewegung in unserem Gehirn erzeugen.

Ein Team von Physikern aus Genf, unter der Leitung von Professor Nicolas Gisin, hat bereits im August 2008 den experimentellen Beweis geliefert, dass der Informationsaustausch zweier miteinander verschränkter Teilchen simultan, also mit unendlich hoher Geschwindigkeit stattfindet.

Das von Albert Einstein als 'spukhafte Fernwirkung' bezeichnete Verschränkungsprinzip[17] besagt, dass die Zustände zweier Teilchen auch in großem Abstand voneinander identisch sein können, so als stünden sie permanent in Verbindung. Ändert das eine Teilchen seinen Zustand, so geschieht dies augenblicklich auch bei dem anderen.

Viele renommierte Wissenschaftler sind mittlerweile der Überzeugung, dass die Quantenphysik die Universalsprache des Universums ist. Sie gehen davon aus, dass seit dem Urknall alle Bereiche des Universums miteinander verschränkt sind, und ein steter Informationsaustausch zwischen ihnen stattfindet.

Jedes Individuum ist somit ein Teil eines großen Ganzen. Wobei auch die komplexen Vorgänge des Bewusstseins den Regeln der Quantenphysik unterliegen. Diesem Weltbild zufolge befinden wir uns in einem partizipatorischen Universum, sind aktive Teilnehmer eines universellen Dialogs, und benutzen dazu die Sprache der Intuition.

Der amerikanischen Physiker Jack Sarfatti[18] sieht in der Quantenverschränkung einen Hinweis darauf, dass Geist und Seele den Körper überdauern.

Er ist davon überzeugt, dass die im Moment noch getrennte Naturwissenschaft und die Geisteswissenschaft schon bald eine gemeinsame Basis haben werden. Laut Sarfatti geschieht nichts im menschlichen Bewusstsein, ohne dass irgendetwas im Universum darauf reagiert. Mit jedem Gedanken, jeder Handlung beschreiben wir nicht nur unsere eigene kleine Festplatte, sondern speichern auch etwas im Quantenuniversum – auch Akasha-Chronik[19] genannt – ab, das unser irdisches Leben überdauert.

Der amerikanische Astrophysiker Professor Timothy Ferris[20] von der University of California in Berkeley hält es sogar für denkbar, dass bereits ein gigantisches galaktisches Internet existiert. Aufgabe der Wissenschaft sei es nunmehr, die Mechanismen dieser Informationsübertragung zu erforschen, um dieses eines Tages anzuzapfen. Nichts anderes ist mit der Intuition bereits seit Beginn der Menschheit möglich.

Fred Alan Wolf[21], ein amerikanischer theoretischer Physiker, der sich auf Quantenphysik und die Beziehung zwischen Physik und Bewusstsein spezialisiert hat, veranschaulichte diesen Zusammenhang durch die folgende Analogie: Ein Mann sitzt auf einem Elefanten und hat einen kleinen Holzstecken in der Hand, mit dem er dem Elefanten zeigt, in welche Richtung er gehen möchte. Der Mann berührt damit entweder das linke oder das rechte Ohr des Elefanten, je nach gewünschter Richtung. Der Mann denkt, er bestimme mit seinem rationalen Verhalten den Weg des Elefanten.

In Wirklichkeit aber ist der Elefant intuitiv mit dem Mann verbunden und sendet ihm ein Zeichen, in welche Richtung er gehen möchte. Der Mann glaubt aus freiem Willen zu handeln, ist sich aber nicht bewusst darüber, dass sein Unterbewusstsein schon längst für ihn die Entscheidung getroffen hat.

Heilung mit der Hilfe von Intuition

Auch Heilung kann durch Intuition eingeleitet werden, und ist deshalb ein wesentlicher Bestandteil der ganzheitlichen Diagnose von Krankheiten. Eine Krankheit drückt meistens eine Disharmonie aus, die ihren Ursprung im Geist hat, und vom Bewusstsein nicht erkannt wird. Nach einer gewissen Zeit wird dieses Ungleichgewicht des Systems in die körperliche Ebene gebracht, wo sie nun sichtbar für den Menschen wird.

Anstatt unserer inneren Stimme zu folgen, treffen wir rationale Entscheidungen, die nicht in Einklang mit uns selbst stehen, sondern sich nach praktischen Gesichtspunkten ausrichten. Nach Prinzipien, Regeln und Verhaltensweisen, die uns vorgegeben wurden, damit wir als Rädchen im Getriebe der Gesellschaft funktionieren. Wir glauben unserem Wunsch nach Individualität nachzugehen, indem wir diese auf der materiellen Ebene zum Ausdruck bringen.

In unserem Geiste allerdings folgen wir nicht uns selbst, sondern meist anderen. Es fehlt uns oft der Mut aus der Zwangsjacke des kollektiven Denkens auszusteigen.

Ein Ungleichgewicht entsteht meistens dann, wenn wir nicht unserem eigenen Wohlsein nachgehen. Also z.B. schlechte Nahrung zu uns nehmen, zu viel essen, zu wenig Bewegung haben, einer stressigen Arbeit nachgehen, in der Beziehung unsere Bedürfnisse unterdrücken, um nur einige der Hauptursachen zu nennen. Zu oft liegt unser Fokus auf der Abgrenzung und nicht auf der Verbindung zu anderen.

Wir sind Einzelkämpfer geworden, was auch leider durch unser Bildungssystem und Wirtschaftssystem gefördert wird. Dadurch sind wir innerlich schwach, leicht angreifbar, und verletzbar geworden. Eine Herde von Tieren, die zusammenbleibt, kann nur schwer von Löwen angegriffen werden. Die Löwen wissen das, und sind intelligent genug um ein Tier aus der Herde zu reißen, welches schließlich auf sich alleine gestellt ist, und nun eine einfache Beute für die Löwen wird.

Ich erinnere mich an einen Vortrag in den USA, der von Bruce Lipton[22] und Gregg Braden[23] gehalten wurde. Beide haben sich intensiv mit dem Thema der Intuition beschäftigt, und auf dem Gebiet bahnbrechende Entdeckungen gemacht. Sie berichteten von einem Fall, der sich in einem Krankenhaus zugetragen hatte.

Zwillinge wurden sechs Wochen zu früh geboren, ihre Herz-Kreislauffunktionen sowie ihre Atmung war lebensbedrohlich. Sie wurden deshalb getrennt voneinander in die Intensivstation verlegt.

Die Ärzte versuchten alles nur erdenklich mögliche aus medizinischer Sicht, aber der Zustand der Zwillinge verschlechterte sich zunehmend, bis zu dem Punkt, an dem man über eine Abschaltung der lebenserhaltenden Geräte diskutierte. Eine Krankenschwester, die aufgrund ihrer Position nur wenig Mitspracherecht hatte, unterbreitete den Ärzten den Vorschlag, die Zwillinge unbedingt wieder zu vereinen. Da bereits alle anderen Maßnahmen gescheitert waren, folgte man der Idee der Krankenschwester.

Dies wurde in einem Filmausschnitt dokumentiert, und uns gezeigt. Was daraufhin passierte, war zutiefst ergreifend. Einer der Zwillinge umarmte auf der Stelle seinen Bruder, und bereits nach einer Stunde waren die Zwillinge nicht mehr in einem lebensbedrohlichen Bereich! Es gab niemanden im Saal, der nach dieser Filmdokumentation noch ein trockenes Auge hatte. Es herrschte im gesamten Raum eine Ergriffenheit, die sich nur schwer mit Worten beschreiben lässt.

Das Schlüsselwort ist intuitive Heilung. Heilung bedeutet nichts anderes als das, was im Innersten getrennt ist, wieder zu vereinen. Heilung ist das Gegenteil von Magie. Magie ist eine Art magisches Denken, das eine Illusion bewirkt, um somit auch die Illusion der Getrenntheit aufrechtzuerhalten.

Eine Schmerztablette ist in manchen Situationen äußerst hilfreich, aber wenn der Schmerz nicht nachlässt, dann hält das wiederholte Einnehmen der Pille nur die Illusion aufrecht alles sei in Ordnung.

Dem Kranken fehlt etwas, was sich intuitiv von einer anderen Person erspüren lässt. Ärzte fragen heute: ‚Was haben Sie?‘ anstatt wie früher: ‚Was fehlt Ihnen?‘. Durch die extreme Spezialisierung auf winzige Teilbereiche des Körpers, sowie auch durch den Druck von Krankenkassen sind viele Ärzte unfähig geworden den Menschen in seiner Ganzheit zu sehen.

Die Psychosomatik bezeichnet in der Medizin eine ganzheitliche Betrachtungsweise und Krankheitslehre. Psyche ist das griechische Wort für Seele und steht hier nicht zufällig an erster Stelle. Soma bedeutet Körper, und die Psyche geht dem Körper voran.

Empathie und Miteinander als Grundlage der Intuition

Ohne die Ehrfurcht vor dem Leben verkommt das Fundament unserer Ethik, was sich in Politik, Wirtschaft und unseren Beziehungen immer deutlicher zeigt. Leben funktioniert auf der Beziehung von abwechselnder Abhängigkeit wie man z.B. auch an der Permakultur[24] in äußerst beeindruckender Weise sehen kann.

Ohne jegliche chemische Dünger und Insektenvernichtungsmittel leben in der Permakultur Pflanzen und Kleintiere in einer Harmonie zusammen, die Obst und Gemüse von unbeschreiblicher Vielfalt, Größe und Geschmack hervorbringt.

Auch Wachsen und Dazugehören sind Grundbedürfnisse, die den elementaren Eigenschaften des Lebens innewohnen. Was man durch die Natur erfährt, muss man an andere weitergeben. Es ist eine moralische Verpflichtung, und jeglicher Versuch dieses allgemeingültige Wissen anderen vorzuenthalten oder durch Form von Geld und Patenten zu manipulieren, ist ein Rückschritt für die gesamte Zivilisation. Liebe und Mitgefühl für alles Lebendige ist die Grundvoraussetzung für Wohlstand und Frieden, denn mit jeder Beziehung, die ich eingehe, verbinde ich mich auch mit mir selbst.

In unseren Bedürfnissen sind wir alle gleich, nur die Art und Weise, wie wir glauben sie zu befriedigen, unterscheidet sich voneinander. Individuelle, rationale Ziele lassen sich nicht vereinen, aber die darunterliegenden Bedürfnisse schon. Daher gibt es im Leben nur zwei Arten der Motivation. Entweder entspringt sie der Angst, und muss sich dadurch als Widerstand gegen etwas zeigen, oder sie resultiert aus der Liebe und zeigt sich in der Verbindung mit anderen. Auf einen Punkt gebracht: entweder geben wir Liebe oder wir suchen sie.

Alle biologischen Funktionen haben in ihrem Kern die Kommunikation und die Kooperation als Ausdruck der intrinsischen Lebensprinzipien.

Nur dann, wenn man einem Kind seinen natürlichen Drang zum Spielen einschränkt oder sogar verbietet, entstehen daraus später im Erwachsenenalter Nachlässigkeit, Verantwortungslosigkeit, Egozentrik, Habsucht, Neid, Gier und Enge. Dramatische Erfahrungen in der Kindheit, die nicht aufgearbeitet wurden, manifestieren sich später im Leben als ‚Spalterei' und Rechthaberei. Das Erleben der innerlichen unbewussten Trennung, und das daraus resultierende mangelnde Selbstwertgefühl, zeigt sich immer wieder als angstorientiertes Verhalten.

Bei den Ureinwohnern Amerikas war dieses Wissen der Kooperation fester Bestandteil ihrer Kultur. Nur selten kam jemand vom Weg ab. Wenn jemand mehr Essen, Kleider oder andere Dinge hortete als seine Familie benötigte, wurde ihm ins Gewissen geredet. Half das nicht, wurde demjenigen nahegelegt den Stamm zu verlassen. Ein solches Stammesmitglied wurde zur damaligen Zeit auch als geisteskrank betrachtet!

Man kann einem Menschen nichts lehren, man kann ihm nur helfen sich selbst zu entdecken. Kinder legen sich beim Spielen Ihre eigene Messlatte der Herausforderung immer genau so hoch, wie sie es auch bewerkstelligen können. Jedes Kind macht dies individuell für sich, völlig intuitiv, und es braucht dabei keinerlei Anleitung. Unser momentanes Ausbildungssystem basiert noch immer auf dem Dressursystem des Industriezeitalters.

Nur durch anhaltende, beständige Indoktrination kann man ein Kind von seinem natürlichen Weg abbringen. Die Folgen davon können wir überall erkennen.

Nachwort

Intuition ist die unsichtbare Sprache des Lebens. Wir können sie bestenfalls ignorieren, aber sie wird immer und für jeden in uns sprechen. Intuition erlaubt uns tiefe Einblicke in das Mysterium des Lebens, welche nicht mit dem rationalen Verstand erfassbar sind.

Unser Gehirn wiegt etwa drei Pfund, und nur drei Prozent davon sind Aktivitäten des rationalen Verstandes. Das entspricht etwa dem Gewicht von fünf Brühwürfeln! Kein Wunder also, dass man sein volles Potenzial nicht entfaltet, wenn man sein Leben nur auf der Ebene von Brühwürfeln betrachtet.

„Ihre Zeit ist begrenzt, also verschwenden Sie sie nicht damit, das Leben eines anderen zu leben. Lassen Sie sich nicht von Dogmen in die Falle locken. Lassen Sie nicht zu, dass die Meinungen anderer Ihre innere Stimme ersticken. Am wichtigsten ist, dass Sie den Mut haben, Ihrem Herzen und Ihrer Intuition zu folgen. Alles andere ist nebensächlich."
– Steve Jobs (Mitbegründer von Apple Computer)

Wir befinden uns momentan am Ausklingen einer Kultur, die über Jahrhunderte die Intuition schlechtweg ignoriert hat. Wir wollten uns damit beweisen, dass wir über der Natur stehen. Dass wir sie zu unserem eigenen Nutzen gestalten, gebrauchen und verbrauchen können. Es zeigt sich allerdings immer deutlicher, dass dieses Unterfangen nicht nur kläglich scheiterte, sondern sogar unser Leben gefährdet.

Von der arroganten Sichtweise, dass wir Krönung der Schöpfung sind, haben wir bis jetzt nicht abgelassen. Sie zeigt sich nun von der anderen Seite – unsere Erde muss jetzt mit allen Mitteln gerettet werden! Was wirklich gerettet werden muss, ist unsere illusorische Sichtweise des Lebens.

Auf die Intuition zu hören ist intelligentes Verhalten, das sich vielleicht nicht sofort als Erfolg zeigt, aber langfristig zu innerem Frieden, Gelassenheit und Vertrauen im Leben führt. Das Leben selbst hat eine Absicht, die durch Sie wirkt und Sie führt. Versuchen Sie Ihrer Intuition etwas mehr zu vertrauen, und vergeuden Sie Ihre Energie nicht damit, ständig das Leben zu kontrollieren.

Es gibt eine höhere Intelligenz als die Ihres rationalen Verstandes, welcher nur drei Prozent Ihrer geistigen Kapazität ausmacht.

Über Ihre Wahrnehmung haben Sie Zugriff auf hundert Prozent Ihres geistigen Potenzials. *Ist das letztendlich nicht das, was Sie wirklich im Leben suchen?*

Jetzt Kostenloses Hörbuch anfordern!

Wussten Sie, dass Einsteins wichtigste Entdeckung nicht die Relativitätstheorie war? Erfahren Sie sein erstaunliches Geheimnis und damit den Schlüssel für Freiheit und Erfüllung in Ihrem Leben. Holen Sie sich jetzt das kostenloses Hörbuch!

Bitte diese Webseite notieren und in Ihrem bevorzugten Webbrowser eingeben:

thomasherold.com/audiobuch-geschenk

Weitere Bücher von Thomas Herold

Einsteins Wichtigste Erkenntnis
Warum die Antwort auf eine einzige Frage
Ihr Leben entscheiden kann

Wussten Sie, dass Einsteins wichtigste Entdeckung nicht die Relativitätstheorie war? Erfahren Sie sein erstaunliches Geheimnis und damit den Schlüssel für Freiheit und Erfüllung in Ihrem Leben.

Diese Antwort – ob bewusst oder unbewusst getroffen – beeinflusst alle Aspekte Ihres Lebens! Sie prägt das allgemeine Lebensgefühl und Ihre Grundhaltung zum Leben selbst.

Würde ich Ihnen jetzt unmittelbar diese elementare Frage auf dem silbernen Tablett präsentieren, dann wäre das etwa so, als ob ich Ihnen nur die letzte Seite eines überaus spannenden Romans zu lesen gäbe. Stellen Sie sich vor, Sie sehen nur die letzten fünf Minuten eines spannenden Krimis. Sie werden keinerlei Bezug zum Film haben. Der tiefere Sinn, die Zusammenhänge, und der emotionale ‚Spaßfaktor' bleiben auf der Strecke.

In diesem Buch werden Sie Einsteins wichtigste Entdeckung erfahren. Eine Entdeckung die für Jahrzehnte verborgen blieb und es vor kurzer Zeit veröffentlicht wurde.

Einsteins wichtigste Erkenntnis ist die Grundlage, aus der sich Ihr Lebensziel ergibt:

- Ein Ziel, das niemals mit einem anderen Ziel in Konflikt steht
- Ein Ziel, das Sie Ihr Leben lang begleitet
- Ein Ziel, das Sie motiviert ohne sich motivieren zu müssen
- Ein Ziel, das Ihnen Sicherheit und Vertrauen schenkt
- Ein Ziel, das Sie niemals vergessen werden
- Ein Ziel, das Sie mit anderen Menschen auf tiefster Ebene verbindet
- Ein Ziel, das eine dauerhafte Quelle für Inspiration und Freude ist

Wie finde ich mein Ziel im Leben am besten heraus?

Erfolgreiche Ziele, und solche die auch die meiste innere Zufriedenheit mit sich bringen, sind Ziele die über Ihre Person hinausgehen. Je mehr das Ziel andere mit einschließt, und je mehr das Ziel anderen dient, desto erfüllter werden Sie sein.

Anstatt Sie also mit endlosen Zielvariationen und Zielsystemen zu konfrontieren, möchte ich Sie auf eine Reise mitnehmen, an deren Ende Sie genau wissen, was das wichtigste Ziel (Entscheidung) in Ihrem Leben ist.

Erhältlich bei Amazon als E-Buch, Taschenbuch und Hörbuch.

Moderne Geldschöpfung

Geld aus dem Nichts und der Zinstrick der Zentralbanken

Fragen Sie sich gelegentlich auch warum alles ständig teurer wird?
Warum Wohnraum in den letzten Jahren unbezahlbar geworden ist, und weshalb Ihr Geld auf der Bank täglich weniger wird?

Schafft Geld Wohlstand?

Seit der Corona-Krise laufen die Druckpressen aller Zentralbanken heiß. Es wird weltweit mehr Geld gedruckt als je zuvor, und das weltweite Finanzsystem steht vor der größten Herausforderung seiner Geschichte. Der Finanzcrash 2008 war bereits ein Indikator für die kommende Endphase.

Wenn Banken zusätzliches Geld drucken, ohne das mehr Waren und Dienstleistungen zur Verfügung stehen, dann wird das gesamte Geld auf dem aktuellen Markt abgewertet. Es bedeutet, dass Sie plötzlich weniger kaufen können, selbst wenn der Euroschein in Ihrer Hand denselben Wert zeigt.

Dieser Prozess wird Inflation genannt, und ist das Hauptinstrument der Banken, um Geld aus dem Nichts zu verdienen. Es ist außerdem die wirksamste und auch hinterlistigste Art Ihr Geld zu entwerten, und nichts anderes als Betrug.

Wie entsteht modernes Geld?

Die Geldschöpfung im 21. Jahrhundert ist mittlerweile äußerst komplex geworden, und Sie werden nur mit erheblichem Zeitaufwand und größter Anstrengung durchschauen, wie sie im Detail funktioniert.

Wäre es einfach zu durchschauen, dann würde das Vertrauen in unser modernes Geld noch schneller als bisher schwinden, und ein globaler Aufstand gegen das bestehende Geldsystem würde sich beschleunigen.

Wie moderne Geldschöpfung genau funktioniert, und weshalb wir vor der größten Revolution in der Geschichte des Geldes stehen, erfahren Sie in diesem Buch.

Erhältlich bei Amazon als E-Buch, Taschenbuch und Hörbuch.

Zeitenwende 2020

Prognose und Wegweiser zum Aufbruch in ein neues Zeitalter

Spätestens Ende April 2020 muss jedem klar gewesen sein, dass wir in einer außerordentlichen Krise stecken. Covid-19 diente dabei als Brandbeschleuniger für die Wirtschaft, und hat eine weltweite wirtschaftliche Brandrodung, die schon Jahre zuvor loderte, in Gang gebracht.

Was vielleicht nur wenige in 2020 sehen können, ist das Ausmaß dieser Krise.

Was ist eine Zeitenwende?

Eine Zeitenwende stellt einen Umbruch im historischen Geschehen dar. Um kollektive Veränderungen besser zu verstehen und damit umzugehen, hat der Mensch schon seit jeher verschiedene Methoden der Prognostik benutzt.

Prognostik bedeutet, dass wir uns Mittel und Instrumente bedienen, welche zeitlich wiederkehrende Zusammenhänge aufzeigen und verdeutlichen. Wir können uns damit auf kommende Veränderungen besser einstellen und Fehlverhalten vermeiden.

Welche Veränderungen kommen?

In diesem Buch werden Sie aufschlussreiche Einblicke in den Bereich der Prognostik erfahren. Sie werden dadurch weitaus besser verstehen, weshalb bis ins Jahr 2025 massive globale Veränderungen auf uns zukommen werden. Diese Neugestaltung wird soziale, wirtschaftliche und auch die politische Ebene betreffen.

Erhältlich bei Amazon als E-Buch, Taschenbuch und Hörbuch.

Anmerkungen

1 https://www.sheldrake.org/deutsch

2 https://www.sheldrake.org/deutsch/morphische-felder

3 https://wiki.yoga-vidya.de/Samadhi

4 https://float.de/dr-john-c-lilly.html

5 https://mymonk.de/die-leere-teetasse-kurze-zen-geschichte/

6 https://blog.monikaburg.com/2018/05/04/die-rationalen-chefs-einem-weltbild-auf-der-spur-rationalitaet-gefuehle-fakten-entwicklung-geschichte-renaissance/

7 https://de.wikipedia.org/wiki/Animismus

8 https://www.bhutan-horizonte.de/bhutan-bruttonationalglueck.html

9 https://www.flaska.de/strukturierung-des-wassers/pioniere-der-wasserforschung/viktor-schauberger

10 https://de.wikipedia.org/wiki/N%C3%BCrnberger_Trichter

11 https://www.quarks.de/gesellschaft/psychologie/was-du-ueber-narzissmus-wissen-musst/

12 https://de.wikipedia.org/wiki/Elias_Howe

13 https://de.wikipedia.org/wiki/Prentice_Mulford

14 https://www.amazon.de/Zener-Karten-Hard-25-Karten-Mehrsprachige-Reisef%C3%BChrer/dp/B07BYW6TQG

15 https://de.wikipedia.org/wiki/Joseph_Banks_Rhine

16 https://www.hellinger.com/

17 https://www.weltderphysik.de/gebiet/teilchen/news/2017/das-ganze-ist-viel-mehr-als-die-summe-der-teile/

18 https://physik.cosmos-indirekt.de/Physik-Schule/Jack_Sarfatti

19 https://de.wikipedia.org/wiki/Akasha-Chronik

[20] https://en.wikipedia.org/wiki/Timothy_Ferris

[21] https://whatthebleep.com/portfolio-item/fred-alan-wolf/

[22] https://www.brucelipton.com/

[23] https://www.greggbraden.com/

[24] https://permakultur.de/was-ist-permakultur/